NOTICE

SUR

Deux Anciens Cartulaires,

MANUSCRITS

DE LA BIBLIOTHÈQUE DU ROI;

PAR G. B. DEPPING,

De la Société Royale des Antiquaires de France, de celles de Normandie, d'Écosse, du Nord; de la Société Philotechnique de Paris; de l'Académie Royale de Munich, et de la Société Royale de Nancy.

PARIS.
IMPRIMERIE DE SELLIGUE,
Rue des Jeûneurs, n. 14.

1831.

IMPRIMERIE DE SELLIGUE,
RUE DES JEUNEURS, N° 14.

NOTICE

SUR DEUX CARTULAIRES

DE L'ANCIENNE ABBAYE DE SAINT-PÈRE A CHARTRES, APPARTENANT A LA BIBLIOTHÈQUE DU ROI, A PARIS.

Par M. Depping, membre résidant.

Les deux Cartulaires dont je vais présenter des extraits, faisaient autrefois partie des manuscrits de l'abbaye de Saint-Père; depuis la révolution ils ont été transportés avec quelques autres à la Bibliothèque du Roi, à Paris. Déjà les auteurs de la *Gallia Christiana* ont tiré de ces Cartulaires diverses chartes, pour confirmer l'histoire de cette abbaye, sur laquelle ils ont donné une notice dans le 8e volume de leur grand ouvrage. Il m'a semblé qu'ils pourraient fournir encore quelques faits propres à éclaircir l'état social et les conditions de la vie civile et religieuse aux 10e 11e et 12e siècles : c'est ce qui m'a déterminé à en faire quelques extraits qui tendent à ce but; j'aurai soin de m'appuyer toujours sur les chartes que je joindrai à cette notice, soit en entier, soit en partie.

Le plus ancien des Cartulaires de Saint-Père est un in-folio de 89 feuillets de parchemin, composée de quatre parties qui contiennent ensemble plus de 550 chartes. Il est assez bien écrit en lettres gothiques. Cependant les fréquentes abréviations le rendent quelquefois difficile à lire. Les chartes vont de l'année 928 jusqu'à la fin du 12e siècle; le Cartulaire paraît avoir été écrit à cette époque. Il était tenu en grande vénération par les moines, comme contenant leurs plus anciens titres de propriété : ils l'avaient revêtu d'une couverture en argent, ornée de figures à l'encaustique et de pierres précieuses ou réputées telles. Cette couverture a disparu pendant la révolution, lorsque les manuscrits, ou plutôt une partie des manuscrits de l'abbaye supprimée fut transférée dans la bibliothèque de la ville de Chartres.

L'autre Cartulaire, beaucoup plus ample, est une copie moderne sur papier, dans le format grand in-folio, et contient, non-seulement une partie du précédent, mais un grand nombre d'autres chartes, soit en entier, soit par fragmens, avec les dessins des sceaux et armoiries qui sont empreints sur les documens originaux, aujourd'hui perdus pour la plupart. On trouve, de plus, dans ce volume, le *Liber Agauni*, espèce de chronique entremêlée de chartes, dont je me réserve de parler ailleurs plus en détail, particulièrement sous le rapport historique.

La première charte du recueil le plus ancien est d'Agon, évêque de Chartres. Ce prélat fit rebâtir en 940 l'église de l'abbaye où il a été aussi enterré. Il reconstitua et fonda, pour ainsi dire, une seconde fois le monastère de Saint-Pierre ou Saint-Père, qui avait été dévasté pendant les invasions des Normands, et qui était resté désert et ruiné jusqu'alors (1). A cette époque, l'édifice se trouvait en dehors de la ville, on l'appelait *Abbatia Sti-Petri in valle;* dans la suite Chartres, en s'agrandissant, s'étendit au-delà de l'abbaye qui finit par faire partie de la cité. Aujourd'hui l'ancienne église des moines est la seconde église paroissiale de Chartres.

Le monastère était devenu un des plus riches du pays, grace aux nombreuses donations qui étaient venues ajouter à ses revenus. Les Cartulaires prouvent que déjà, vers la fin du 12ᵉ siècle, les moines de Saint-Père possédaient beaucoup de champs, de vignes, de moulins, de maisons, de cens, de serfs, etc. Ils avaient des terres et des rentes non-seulement dans le pays chartrain, mais aussi en Normandie où les ducs même leur firent des libéralités. Ils obtinrent soit des ducs, soit des archevêques de Rouen, le droit de pêche dans la Seine, l'exemption du droit sur le passage de leurs bateaux qui descendaient la Seine par Andelys à Rouen, et qui, à ce qu'il paraît, transportaient des vins dans la capitale de la Normandie (2). Henri, roi d'Angleterre, en sa qualité de duc de cette province, leur assura une rente de 10,000 harengs (3). S'ils ont été dotés avec la même faveur dans les siècles suivans, ils n'est pas étonnant qu'ils aient été très-riches à la fin du 18ᵉ siècle, lorsque tous les couvens furent supprimés en France.

Cette prospérité ne fut pas exempte de troubles. Ils eurent à se plaindre des rois, des seigneurs, des évêques, des monastères voisins, et quelquefois de leur propres abbés (4). Les seigneurs du Puiset furent pendant long-temps leurs ennemis acharnés; et quoique le roi de France, pour les protéger, détruisît en l'an 1111, le château fort de Puiset, il est encore question, dans la suite, des ravages exercés par les mêmes nobles (5).

Les donations faites au couvent et consignées dans un grand nombre de chartes, présentent des circonstances curieuses. Le plus souvent, ce sont des hommes pieux ou repentans, qui viennent faire don à *Saint-Pierre* ou *à ses serviteurs*, comme ils disent, d'une portion de leur fortune; beaucoup de chartes commencent par un acte de contrition, dans lequel la vie dissolue ou brutale des donateurs est annoncée dans les termes les plus énergiques (6). Ils déclarent qu'ils ont été de mauvais sujets, des dévastateurs, des pillards; ils donnent à l'église, dans l'espoir d'être favorablement traités au jugement dernier et d'éviter les peines de l'enfer. D'autrefois, ce sont les moines qui viennent, sans façon, demander quelque objet qui est à leur convenance. D'autres fois encore ils font des transactions, en promettant à ceux qui leur donnent de les enterrer parmi les moines, de prier pour leur âme, de les nourrir en cas de détresse, ou enfin, de les recevoir au nombre des religieux (7). Ils avaient un beau missel couvert en argent, qui contenait les prières pour les âmes des donateurs, et où ils leur accordaient une mention.

Quand on ne savait que faire d'un enfant, surtout d'un orphelin, la famille le jetait pour la vie dans le couvent, en faisant un don aux moines. Des chevaliers, partant pour les croisades, se débarrassaient ainsi de leurs enfans. Une femme abandonnée par son mari, qui s'était fait moine, et par ses deux fils, qui étaient partis pour chercher fortune en Italie et chez les Normands, avait recueilli dans le pays, l'enfant naturel d'un de ses fils, que la mère lui avait recommandé en mourant. Elle conduisit cet enfant dans le couvent, après avoir fait aux moines une donation dans une charte où elle raconte ses infortunes avec une naïveté touchante (8). Un lépreux, obligé de s'exiler du sein de sa famille, à laquelle il était sans doute en horreur, alla faire une donation aux moines pour qu'ils lui accordassent une retraite (9).

Quelques charges dont ils avaient à disposer, leur servaient encore d'appâts pour attirer les donations. On voit, dans les chartes, des gens qui pour être sommeliers de l'abbaye, leur abandonnent quelque portion de terre. Un fourreur ou pelletier des moines ayant l'ambition de devenir leur sommelier, achète cet honneur par une cession de terrain (10). Les moines vont jusqu'à accepter une donation contre la promesse de faire du donateur le fossoyeur de l'abbaye : Coispel, attaché au service du couvent et n'ayant pas d'enfans avec sa femme, lègue son bien aux moines qui lui promettent en échange la charge de fossoyeur, avec les émolumens qui y étaient attachés, et qui consistaient, selon la même charte, en deux gouttes de vin (stillas) et en deux gâteaux que le sommelier lui présentait chaque fois qu'il avait creusé une fosse ; de plus, il avait la jouissance d'une maisonnette et d'un jardinet (11).

Une des charges féodales dont le couvent disposait,

était celle de *maïor* ou maire dans leurs terres. On aurait tort de se figurer cette mairie comme celle de nos jours; la charge de maire répondait à celle de *schulze* ou *vogt* des terres seigneuriales en Allemagne; dans les villages dépendant de l'abbaye, un moine rendait la justice, et le maire, son subordonné, faisait les sommations, amenait les gens en jugement, et exécutait la sentence (12). L'abbaye envoyait un prévôt ou un prieur dans une quinzaine de villages, appelés d'*obédience*, qui étaient sous sa juridiction; ce moine y administrait, sans doute, le temporel et le spirituel à la fois, étant le délégué de l'abbaye, le curé et le juge de l'endroit. Les maires féodeaux de ces terres d'obédience ne pouvaient se marier, à ce qu'il paraît, sans l'assentiment du chapitre. Ayant appris qu'un de leurs maires avait le projet de quitter leur service pour aller ailleurs et se marier, l'abbé et les moines se firent promettre sur les reliques qu'il ne contracterait pas de mariage sans le consentement de l'abbé, et on le força de fournir caution de sa conduite (13). La charge était souvent héréditaire; et on voit un maire revendre la sienne aux moines (14). Cependant ils stipulaient quelquefois qu'elle ne serait point héréditaire. Une maïoresse ou mairesse, qui figure dans une des chartes, était probablement une femme à laquelle avait passé, par héritage, la mairie de son mari ou de son père, de même qu'une femme militaire (*Helia milite sua*), dont il est parlé dans une charte, devait être la veuve d'un vassal de cette condition.

Le seigneur d'Alaye, en faisant don à l'abbaye de la basse-justice du bourg de Saint-Romain où elle avait un prieur, se réserva la haute; il stipula que quiconque se réfugierait dans ce bourg, y trouverait un asile inviolable, à l'abri de la juridiction abbatiale; mais que le prieur *taillerait* les hommes quand le seigneur aurait besoin d'argent, particulièrement quand il marierait sa fille, quand il serait pris à la guerre, et quand il armerait pour la première fois son fils (15). En général, dans les domaines seigneuriaux, les prieurs des terres abbatiales n'avaient qu'une juridiction subordonnée. Le prieur de Bousoles eut besoin du consentement de la comtesse d'Alençon, Marie d'Espagne, pour relâcher un voleur de pourceaux qui avait été condamné à la prison (16).

Pour donner de la validité aux donations, les moines avaient soin de revêtir les actes de toutes les formes nécessaires. Ils y faisaient mention du dépôt de la donation sur l'autel de Saint-Pierre; ils appelaient des témoins tant au nom du monastère qu'en celui du donateur; lorsque celui-ci était époux et père de famille, ils ne manquaient pas de faire signer le consentement par l'épouse et par les enfans majeurs; quand ceux-ci étaient encore en bas âge, on stipulait qu'ils y adhéreraient dès qu'ils seraient parvenus à l'âge de majorité (17). Le nombre des témoins se réglait sur l'importance des donations; il y a des actes qui ont été faits en présence d'une vingtaine de témoins, d'autres n'en ont eu que trois ou quatre. Une pauvre vieille veut léguer ses nippes à Saint-Pierre; le moine, son curé, l'amène au chapitre, on dresse un petit acte, et on appelle quelques gens de la cuisine pour servir de témoins (18). En général, pour les actes ordinaires, l'abbé du couvent appelait vraisemblablement en témoignage les premiers qui se rencontraient ; aussi voit-on figurer dans le nombre les cuisniers, les boulangers, les tailleurs, etc. Les donateurs en faisaient autant : dans une des chartes on nomme parmi les témoins du vicomte de Chartres son chef de cuisine, *princeps coquorum* (19), ce qui suppose un office considérable.

Au sujet des cuisiniers de l'abbaye, je signalerai un acte du 1er Cartulaire, où, sous la rubrique *de festis coquorum*, sont annotés les droits d'usage qu'on payait aux trois cuisiniers de l'abbaye aux jours des grandes fêtes, sans doute pour stimuler leur zèle et récompenser leur travail extraordinaire pendant ces solennités. A Noël, par exemple, il était dû à chacun d'eux deux deniers, à la Toussaint un denier, à la Saint-Michel, une obole, etc. (20).

Malgré tout le soin que se donnaient les moines pour rendre les donations aussi légales que possible, ces actes de générosité et de piété étaient souvent attaqués par les familles. L'abbé faisait, à la vérité, consentir la femme et les enfans ; mais, lorsque la femme se remariait ou lorsque les filles passaient dans d'autres familles, les nouveaux parens contestaient la donation, et la réclamaient ; les vassaux militaires surtout qui épousaient les veuves ou filles des donateurs, étaient de rudes adversaires pour l'abbaye ; ils la troublaient souvent dans la douce possession des biens qu'elle s'était fait céder contre la promesse de prières. Dans beaucoup de chartes il est fait mention de tribulations suscitées aux moines par les soldats féodeaux qui, étant frères ou gendres de donateurs, attaquaient la validité des titres sur lesquels s'appuyait l'abbaye pour retenir un héritage (21). Les soldats allaient quelquefois jusqu'à user de leur épée, tandis que l'abbé avait recours aux anathèmes. On vit des soldats assassiner des moines. Ce crime s'expiait d'abord par une pénitence ecclésiastique, et puis par une composition matérielle qui agrandissait les possessions abbatiales. Un vassal militaire qui, avec son écuyer, avait assassiné le prieur de Jusières, fut condamné par l'officialité de Chartres à faire des *hachées* ou processions dans les principales églises, à entreprendre un pélerinage à Jérusalem, à quitter le pays, et à laisser aux moines la terre qu'il occupait (22).

Toute contestation élevée au sujet d'une donation pieuse était qualifiée de *calumpnia*, et l'on devenait *calumpniator*, en plaidant contre les moines. Ceux-ci essayaient d'abord de persuader au réclamant qu'il y avait de l'impiété à troubler l'église, et à disputer aux serviteurs de Dieu leur part temporelle; moyen qui leur réussissait souvent, et amenait un acte de repentir et de désistement. Si pourtant le réclamant tenait bon, il fallait bien venir plaider à la cour de l'évêque de Chartres, lorsque le bien contesté était situé dans son diocèse; et quelquefois le combat en champ clos devenait nécessaire pour affirmer que la donation avait été réellement faite (23). Il arrivait que les gens séculiers refusaient de se présenter devant l'autorité judiciaire ecclésiastique et faisaient défaut. J'ignore quels moyens l'abbaye avait alors pour terminer l'affaire. Cependant, les moines avaient grand soin, dans ce cas, de dresser un acte pour constater le défaut de leur adversaire (24). Toujours ils avaient une attention extrême à se mettre en règle pour ne pas succomber en justice. C'est ainsi que lorsqu'un mourant leur avait légué une terre, sous la condition d'obtenir leurs prières, ils se hâtaient, dès qu'il avait rendu le dernier soupir, de le faire enterrer chez eux, afin de pouvoir réclamer le legs avec plus d'assurance (25).

Quoique les gens d'église refusassent dans ce temps de se soumettre à la juridiction séculière, l'abbaye de Saint-Père ne dédaignait pourtant pas toujours de plaider devant des juges temporels pour soutenir la validité d'une donation, surtout lorsqu'il lui importait de ne plus être troublée dans la possession d'un bien considérable. Il en était ainsi lorsqu'ils avaient à plaider en Normandie où les premiers ducs, sans avoir égard aux prétentions d'indépendance de l'église, avaient forcé le clergé à venir plaider devant les juges séculiers; coutume qui pourtant excita dans la suite une vive résistance de la part du clergé, et provoqua même une défense du Saint-Siége, par laquelle il fut enjoint aux gens d'église de ne pas se soumettre à la juridiction temporelle. Au 12e siècle le clergé n'avait pas encore, à ce qu'il paraît, assez d'autorité en Normandie pour s'y soustraire.

A ce sujet, je signalerai une pièce curieuse, où la procédure normande est décrite assez clairement pour nous faire voir qu'à cette époque l'institution du jury existait dans la province. Voici le contenu de cette charte. Un prêtre avait fait un legs à l'abbaye, mais son frère attaqua la validité de la donation. Le bien étant situé en Normandie, il fallut plaider devant le comte Richer, au château de l'Aigle. Ce comte y siégeait avec un grand nombre de barons. Le plaignant comparut ainsi que la partie défenderesse, c'est-à-dire, les moines. Le premier plaida; on entendit ensuite la partie adverse; puis, du consentement des deux parties, on désigna un certain nombre de jurés. Ceux-ci se retirèrent et après avoir délibéré entre eux, ils rentrèrent déclarer le résultat de leur délibération (26). On voit que cette procédure différait peu de celle que l'on suit aujourd'hui, au moins pour les affaires criminelles. Souvent au lieu de plaider, les moines préféraient transiger, surtout quand leurs droits n'étaient pas bien évidens, et ils aimaient mieux rendre une partie de la donation que de risquer de perdre le tout. Diverses chartes ont été rédigées pour ces sortes de transactions (27). Quand ils avaient affaire à un militaire, ils offraient ordinairement un coursier dont la valeur courante paraît avoir été de cent sous, ce qui fait supposer que l'abbaye n'élevait que des chevaux communs. Un repas terminait quelquefois ces accommodemens (28).

La servitude ne peut manquer de jouer un rôle

dans les transactions du moyen âge : il en est fréquemment question dans les Cartulaires de Saint-Père. Au nombre des objets que l'on donnait à l'abbaye, il y avait des serfs et des serves. On lit dans les chartes que tel individu, mu par un sentiment de dévotion, cède à Saint-Pierre et aux moines une servante avec toute sa progéniture présente et à venir (29). Un chevalier vend ses serfs à l'abbaye, pour avoir de quoi faire les frais de la croisade (30); et les moines viennent eux-mêmes prier le vicomte de Chartres de leur abandonner une servante. Une autre fois, au moment où le vicomte va partir pour la croisade contre les Albigeois, les moines viennent le supplier de leur céder deux serfs boulangers : il les leur accorde sous condition qu'ils continueront de lui payer un cens (31).

On voit des donateurs qui se repentent d'avoir compris dans leur acte de libéralité les enfans d'une serve, et qui veulent les revendiquer (32); mais les malheureux sont dans la servitude de l'abbaye, et toute leur postérité est condamnée d'avance au même joug. L'homme libre qui épousait une serve de l'abbaye, devenait serf lui-même. On voit le singulier cas de deux individus originairement libres qui, en s'épousant, contractèrent l'obligation d'une servitude perpétuelle (33) C'est qu'un homme libre, devenu serf par son mariage avec une serve, puis ayant perdu sa femme, et en ayant épousé une autre d'une condition libre, l'entraînait avec lui dans l'esclavage, et leur postérité était condamnée également à servir les moines. Quelquefois, pourtant, ceux-ci affranchissaient un de leurs serfs ou une de leurs serves pour divers motifs; tantôt la protection d'un moine, parent du serviteur, lui valait la liberté; tantôt l'abbaye vendait l'affranchissement; tantôt enfin on se débarrassait par ce moyen d'un mauvais sujet dont on ne pouvait tirer aucune utilité (34). Il arriva une fois qu'un affranchi de l'abbaye et sa femme ayant assassiné le serf d'un particulier furent donnés en servitude, avec leur postérité à ce particulier, pour remplacer le serf dont ils l'avaient privé : ce fut afin de soustraire les coupables, comme dit l'acte de cession, au supplice qu'ils avaient mérité (35).

Dans une des chartes de nos deux recueils, Ebrard, vicomte de Chartres, rétracte les démarches qu'il avait faites pour contester aux moines les enfans nés du mariage d'un de ses soldats avec une serve du couvent ou de Saint-Pierre (36). Moyennant cent sols et une once d'or reçus des moines, le vicomte déclare qu'il cède pour le bien de son âme à l'apôtre du ciel, la postérité de son soldat et de la serve. La condescendance du vicomte, achetée à deniers comptans par les moines, amenait donc l'esclavage perpétuel d'enfans à naître !

L'entretien des serfs était à la charge du couvent, et se fondait sur certaines coutumes qui avaient passé en droit. Ils citèrent une fois en justice un abbé qui avait réduit leur portion congrue de vin. L'abbé, se fondant sur un ancien usage d'après lequel la ration de vin devait se régler sur la plus ou moins grande récolte, obtint gain de cause; la sentence porta que, si le chapitre décidait qu'on n'avait pas, dans les celliers, assez de vin pour les serfs et les domestiques, ceux-ci seraient obligés de s'en priver (37).

Outre les militaires féodaux et les serfs, l'abbaye avait dans ses terres des colons ou *hôtes* (hospites), espèces de petits cultivateurs qui étaient subordonnés, en partie, aux militaires dont ils défrichaient et cultivaient la terre, sans pouvoir être dépossédés de leur demeure, et qui étaient soumis à la juridiction des moines. Il paraît que l'abbaye était quelquefois obligée de les protéger contre le traitement arbitraire des soldats féodaux (38).

On demandera peut-être comment cette abbaye, si richement dotée, pourvoyait à la nourriture de l'esprit des moines, ou quel était l'état de leur bibliothèque. Une charte du 12e siècle nous apprend qu'à cette époque une armoire, placée dans l'église et contenant quelques vieux livres rongés par les insectes, constituait toute la bibliothèque du couvent. Un abbé, doué de quelque énergie, convoqua le chapitre et engagea chacun des moines munis de bénéfices, à contribuer annuellement un à cinq sols, pour l'entretien et l'augmentation des livres de l'armoire. L'abbé se taxa à dix sols, l'aumônier et le camerier furent taxés à deux sols; le prieur de Léoncourt, le prévôt de Bruérol à autant, etc. Des anathèmes furent prononcés à la fin de l'acte contre ceux qui n'obtempéreraient pas à cette résolution solennelle (39). Peut-être faut-il attribuer à cette fermeté de l'abbé Eudes, en 1145, l'augmentation subséquente de la bibliothèque du couvent. D'après la note que m'a transmise M. Lejeune, l'un des bibliothécaires actuels de la ville de Chartres, l'abbaye de Saint-Père, possédait, en 1367, plus de 220 volumes manuscrits; mais les anathèmes du chapitre n'effrayèrent plus dans les siècles suivans, surtout au commencement de la révolution ; alors disparut aussi pour quelque temps le Cartulaire d'argent, et la bibliothèque de Chartres ne reçut que 161 manuscrits provenant de la collection de l'abbaye. Il est probable que la plupart de ces volumes ne traitent que de matières ascétiques. Cependant il peut y avoir des ouvrages historiques, et il serait bon qu'on en publiât une notice.

Avant de terminer, je ferai remarquer encore quelques noms et expressions singuliers qui figurent dans les chartes. On y trouve un Foulques *cunucus*, un Hugue *comedens rusticum*, un Gautier *fugans lupum*, un Robert *tirans lupum*, un Aimeric *vibrans lupum*, un Hubert *de cantante lupo*, surnoms qui paraissent prouver la fréquence des loups dans cette contrée. Une vicomtesse, en venant faire don d'une terre au chapitre, avoue, avec pudeur, que cette terre porte un vilain nom (40).

Une expression des chartes est restée pour moi une énigme : à la suite du nom d'un témoin, on lit : *qui non bibit aquam canonicorum;* après le nom d'un témoin, nommé Gautier, on a mis simplement *qui non bibit aquam*.

Beaucoup de chartes n'ont pas de date. L'une est datée : *regnante invictissimo rege Henrico, secundo anno post bellum quo captus est Teobaldus, comes palatinus.*

Je ferai encore remarquer que les sceaux des donateurs, appendus aux chartes, représentent des chevaliers, armés de pied en cap, et portant des écus armoiriés, sous la date de la fin du 12ᵉ siècle.

NOTES.

1.

... Super quodam monasterio nostro pene diruto in honore Sti Petri dicato condoluimus, quod non longè ab ipsa distat civitate, illudque a fundamento reedificare, et canonica institutione clericorum cunctorum graduum inibi Domino servire, sanctam exercendo religionem jussimus. Tempore si quidem pacis jam olim splendidè locus ille viguit in canonicis Domino militantibus, et in exercitus bonorum operum bene decantantibus. Sed ingruentibus paganorum infestationibus, cæterisque supervenientibus pressuris, ipsum penè desolatum invenimus, etc. (*Charte de l'évêque Agon.*)

2.

... Ego Richardus Normannorum comes humillimus... tradidi Sancto Petro carnotensi quandam hospitalitatis receptionem cum terrâ cæterisque supellectibus in villâ Lereti in comitatu Constantino. Tedivillam cum ecclesia et molendinis et pertinent.; in comitatu Lesum piscatoria in fluvio Tolca per sabbati vesperum et diem dominic. integrum; in Sequanâ cum dierum noctuumque continuatione a summo sabbati diluculo usque ad eundem feriæ secundæ terminum, etc.

3.

Henric. Rex Angliæ et duc Normann. et Aquitan., et comes Andegav., archiepiscopo Rotomagensi et omnibus baronibus Normann. salutem. Præcipio quod abbas Sancti Petri Carnot. et monachi teneant ecclesias et homines et elemosinas et omnes decimas et redditus suos de Normanniâ et omnes quietantias suas... Præterea dono et hac meâ cartâ confirmo decem millia harengorum annuatim habenda de decimis reddituum meorum de molendinis Bonmolinis per manus Prioris de Planchis... (*Charte du roi Henri II.*)

Ego Malgerius Rotomag. ecclesiae archiepiscopus... census telonei quod apud Andeliacum a ministris meis accipitur, Sancto Petro Carnot. coenobii et monachis ibidem famulantibus perdonavi, ut nullam teloneum in posterum persolvant de rebus Sancti Petri per flumen Sequanae Rotomagum adductis, etc.

4.

Episcopi enim desidiae somno sopiuntur superbiae visco tumidi... nec est rex neque princeps qui ei (ecclesiae) condoleat, vel qui ejus singultibus sive cotidianis fletibus quovis auxilio respirare concedat. *Liber Agauni, livre I ; le même moine dit de l'abbé Arnaud qu'il était si méchant*, ut eadem dolositas esse putaretur. Dicebat aurum vel argentum, preciosaque quoque ornamenta, fomenta esse monachis superbiae, atque incitamenta lasciviae. Pisces quoque monachos, vel adipem comedere aiebat crudele facinus, eis annuens nuda edere olera, atque sine aliquo edulio suggerebat xyrophagos persistere, cum ipse magnos pisces exoticaque edulia dari juberet.

... Notum esse volumus nos monachi beati Petri coenobii Carnot., Carnerius scilicet ac Joscelinus in Ledoniscurte quae est cella praefati coenobii sub abbate Eustachio militantes, qualiter lis et calumpnia quam nobis inferebant monachi Beccenses, finem acceperit in camerâ domus Pagani, filii Hugonis Franconis apud castrum Calidimontis, etc. (*Charte faite vers l'an* 1090.)

5.

... Inde est quod municipium quoddam in Aurelian. episcopatu situm praesenti anno destruximus propter imperturbabilem et execrabilem malitiam quam exercebant dominatores ejusdem municipii et eorum ministri in possessionibus sanctorum locorum quae nullo rigore ecclesiasticae disciplinae poterat coerceri. (*Charte du roi Louis, de l'an* 1111.)

... Quas injustas consuetudines cùm post mortem patris nostri Ebrardus Putiacensis dominus filius scilicet Hugonis injuriosè repeteret, et in prædicta terra iterata violentia contra patris nostri privilegium jacuisset, per nos commonitus, injustitiam suam recognoscens nobis et Udoni, præd. monasterii abbati, in manus ipsius rectitudinem fecit, et factam ibidem expensam gadgiavit. (*Charte du roi Louis, de l'an* 1143.)

6.

Ego Drogo filius Johildis multis criminibus obfuscatus, molestiâque corporis tactus... dedi me ipsum ad monachandum sub regulâ B. Benedicti in cellâ quam Leuncurt vocant, pertinens ad ecclesiam B. Petri Carnot. Insuper pro remedio animæ meæ dedi eidem ecclesiæ tertiam partem decimæ Ruilliaci villæ, concedente uxore meâ Mathilde cùm filiis et filiabus meis, etc. (*Charte de l'an* 1109.)

Quotiescumque ferocitatis impetus militaris instigabat, assumptâ mei equitatus catervâ, satellitumque turbâ, in præfatam villam consueveram descendere, facultatesque hominum Sancti Petri meis militibus ad escam prodigaliter tendere; me itaque pro hujus oppressionis remissione peregrinè proficiscenti ad Jerusalem, etc. (*Charte sans date,*)

Ego Fulco de Vadis volo ut hujus legitimi scripti recitatione subsequentium fidelium doceatur notitia, quia propter prædatorias ablationes quibus terras Sancti Petri tyrannicâ hostilitate opprimens vastaveram, anathematis vinculo a cœtu fidelium sum sequestratus, et divinâ ultione acrius perurgente usque ad mortis ultima sum protractus. In hujus igitur extremitate necessitatis positus angustia, accersitis ad me monachis Sancti Petri ad satisfactionis remedium confugiens de violentiis quas eis immeritò intuleram, impetratâ ab eisdem absolutione, ad placationem tandem perveni, etc. (*Suit une donation en bonne forme.*)

7.

... Herchembaldus miles erat plures possidens terras, nec

tamen rebus necessariis dives. Hic providens morti suæ, et etiam vitæ temporali, moliens sibi ad utramque vitam securitatem, obtulit Sancto Petro terram Lemeri villaris, quia erat vicina terræ nostræ de Abonis villa, exigens pro elemosinâ concedi sibi fraternitatem ecclesiæ, sic ut vellet fieri monachus, et quando vellet, susciperetur quam alicujus rei nec forte spontaneâ donatione. Si vero in seculari habitu eum mori contingeret, in cimeterio nostro, monachis nostris ut fratri sepulturam facientibus, haberet, et etiam, quum penuriâ familiaris rei premebatur, petiit ut ei aliquantulum de pecuniâ ecclesiæ donaretur, etc. (*Charte d'un abbé de Saint-Père.*)

8.

Ego R. Carnotensis vicedominus omnibus..... notum fieri volo quod Philippus de Freisne (Fréon) volens Jerosolimam proficisci, Galterum filium suum in cœnobio Sancti Petri Carnot. monachum fecit, et pro dei amore et ejus gratiâ pratum clausi, vineam atque terram sitam in medio, decimamque... prædicto cœnobio in elemosinam contulit. (*Charte faite vers l'an 1120.*)

...Notum esse volo... quia ego Hildegardis nomine Franca, quondam uxor cujusdam militis vocabulo Gaufridi qui spernens omnia hujus seculi caduca vel peritura, domino devotè militaturus in s. cœnobio B. apostoli Petri Carnotens. militarem balteum deposuit, et secundum Domini præceptum uxorem et filios, agros, domus et omnia quæ habuit in mundo, pro Christo relinquens, mortificando cunctas suæ carnis illicitas voluntates, corpusque fragile sollicitè cruciando, bajulans crucem suam totâ mente ad etheris aulam obedientiæ gressibus ipsam Christum sequens anhelat tendere. Sic itaque ab eo viduata, duos filios quos ei peperi libere pro posse meo sollicite educavi. Sed dum illos ætas in adolescentiæ flore proveheret, plus habendi ambitione, id tantulum quod sors eis jure hereditario tribuebat, pro nihilo habuerunt, et me orbatam de ipsis duobus, incognitas terras Apuliæ adeuntes reliquerunt. Quorum unus, Fulco nomine, de quadam puella habens puerulum parvulum in cujus ortu matre mortua eundem in cunis mihi dimisit. Quem loco filii tenere nutriens in puerili ætate sacris imbuendum litteris tradidi. Dein jam octennem in supradicto cœnobio in quo et avus erat, et consanguineus Fulco nomine devote domino inserviunt. Ibi cum consensu Roberti prioris et cæterorum monachorum pro animâ meâ omniumque parentum meorum deprecaturum ut sub normâ monachili Domino serviat, mancipavi, dum pro eo in Belsia, in villa quæ dicitur Pantaginis-villa, terram quandam, datam olim in manu firma Frugario et Fulconi fratribus, etc.

9.

Cum se Ragerius Fortinus leprâ percussum sensisset, rogavit nos ut eum in nostrâ suscipientes apud Bellum locum... sicut de uno monachorum curam de eo gereremus. Quo impetrato apud Rivellonium cujus medietatem... possidebat, donavit ecclesiæ nostræ... Donationem... uxor ipsius Ragerii H. et amborum filii Erno et Will. ecclesiæ nostræ confirmaverunt.

10.

Scire debent tam præsentes quam futuri hujus monasterii fratres quod quidam homo noster Bellinus erat pelliparius noster. Volens ad majora conscendere, rogavit me per quosdam fratrum nostrorum ut facerem eum cellarium nostrum, et ipse dimitteret nobis solutum et quietum officium pelliparíæ, quod a nobis habebat; insuper et Sanctum Petrum hæredem faceret illius partis suæ substantiæ quæ sibi morienti contingeret. Quod cum retulissem fratribus in capitulo nostro, laudaverunt ut sic fieret sicut ipse poposcerat, etc.

11.

Notum esse volumus... quod quidam famulus noster Coispellus, liberis carens cum uxore suâ, universorum quæ possidebat, post decessum suum nos hæredes constituit, nosque ei fossarum faciendarum officium cum ejusdem officii profectibus post mortem Durandi qui illud habebat officium, dum viveret, habendum concessimus. Definitum tamen est quod si aliquando foris faceret, quod emendare vel nollet, vel non posset, officium prædictum perderet; hoc etiam a nobis concesso et statuto, ut quibus diebus vel monacho nostro defuncto vel præbendario nostro fossam faceret, duas stillas et duas placentas de cellario nostro acciperet, ipse autem et fossam, ut dictum est, faceret, et vas ad reponendum corpus fabricaret. Præterea hortulum unum et domunculam qui ad elemosinam nostram pertinebant, in vita sua donavimus ei, unde ipse censum vii sol. solveret, hoc vero super addito, ut quando moriretur, præfata domuncula et hortulus cum suis fructibus quibus cum vestitum moriens relinqueret, ad elemosinam reverteretur.

12.

Ego Gilo abbas totusque Sancti Petri conventus notum facimus... quod nos de communi assensu dedimus et concessimus Reginaldo de Ponteuedio majoriam burgi nostri de Braiolo cum consuetudinibus ad majoriam pertinentibus, excluso jure hæreditario quam diu vivere poterit; pro cujus majoriæ famulatu a taliis et aliis consuetudinibus liber erit penitus et immunis quantum ad nos spectantibus. Submonitiones hominum nostrorum faciet, et de venditionibus quantas suas et de singulis nuptiis 1 scutellatam suam, sicut consuetudo est, habebit. Per v festa anni, videlicet natalis Domini, paschæ, pentecostes, Sancti Laurentii et omnium sanctorum, panem, vinum et quale semel in die in domo prioris loci illius percipiet annuatim. Concessimus insuper et promisimus eidem Rag. quod nos alteri filiorum suorum tamen qui sibi placuerit, et quem nominaverit in ultimo vitæ suæ vel ante si voluerit, post ejusdem Rag. decessum sub tenore præmisso et conditionibus supra dictis, dict. majoriam conferemus. Ille vero filius nominatus, post decessum prædicti Rag., in capitulum nostrum veniet, præsentes literas resignaturus, et alias sub forma præscripta a nobis habiturus, excluso tamen jure hæreditario in omnibus supradictis, etc.

Dans une autre charte qui investit Geoffroi de Arro, de la mairie de la terre de Bosco Rufini, *il est stipulé ce qui suit :* « Placita causarumque discussiones ante monachum qui eidem terræ præfuerit, adducet, et ad voluntatem monachi jussionemque omnia placita adterminabuntur, differentur, discutientur vel definientur. »

13.

Ego frater V. Dei gratia abbas Sancti Petri Carnot. simulque nostri monachi notum omnibus fieri volumus quod Robertus noster major de Burgo sub monitione nostra quia eum suspicabamur quod de dominio nostro vellet exire, in domum nostrum venit, ibique super sacras reliquias juravit quod nullam duceret uxorem sine assensu nostro et capituli nostri. Dedit etiam de hac re plegnios de C. sol. literis his subscriptos : Albertum majorem Eprenvillæ de xx libris, Rauerium vicar. de xx lib., Rainardum, etc.

14.

Ego Willelmus Menerii ballivus Philippi regis Francorum... notum facio quod Gregorius quondam maior de Abunvilla in meâ præsentiâ constitutus publicè recognovit quod maioriam suam de Abunvillâ quam a monachis Sancti Petri Carnot. jure hæreditario possidebat, de assensu filiorum suorum... eisdem monachis vendidit, etc. (*Charte de l'an* 1220.)

15.

...Insuper sanguinem terræ eorum et latronem ad justitiam faciendam sine quietatione et redemptione, et rei cujuslibet homicidæ in jura monachorum residentium quæ in eâdem terrâ inveniri poterunt, eisdem sub propria libertate concessi. Quicumque ad burgum Sancti Romani perpetrato quocumque foris facto confugerit, ex quo burgum intraverit, michi vel alii manum in eum ibidem imponere, vel cum inde extrahere non licebit... Terram monachorum Sancti Romani ab exercitu, equitatu, charroio et omni modo exactione et consuedine omnino in perpetuum quietatu., excepto quod si mihi necesse fuerit homines eorum ad citationem Prioris ducere, potero cum communitate terræ meæ ad oppida mea custodienda, sicut tempore Guillelmi Goheti facere consueverunt. Prior Sancti Romani per se poterit tailliare homines suos pro justis auxiliis meis, ita quod iidem homines non graventur. Videlicet pro novitate militiæ meæ, pro primâ filiâ meâ viro tradenda, pro primâ prisio meâ in tirocinio, pro captione corporis mei de guerrâ, si tamen a vavassoribus meis talem subventionem habuero, et pro uno tantum filio meo milite faciendo. Raptum, incendium, et quod justo curiæ meæ judicio murtrum recte vocari poterit, mei juris esse monachi concesserunt... De duello placitum erit coram priore, et si in episcopi præsentiâ non poterit per concordiam terminari, in meâ terminabitur. »

Cette Charte confirme une autre plus ancienne, de Robert, comte de Flandres, de l'an 1197.

16.

Nous, Marie d'Espaigne, comtesse d'Alençon, du Perche et d'Étampes, faisons savoir que, comme Jehan de Chérisi, escuier, soit tenu en la prison du prieur de Brusoles, pour cause d'un pourceau privé qu'il avait pris et tué et départi à soy... et lequel fut prisé valoir 10 sols tourn. ou environ; si, comme attendu avons-nous considéré le cas et la besoigne, ottroyons au dit Prieur de grâce espéciale, et nous plaist que il puisse délivrer a plain le dit escu. si il lui plaist, et que le dit escu. joysse de la délivrance sans ce que dangier, préjudice ou reprise aucune soit pour ce fait au dit Prieur ne a sa justice. Mandons à nos justiciers que ledit Prieur ne le dit escu. ne molestent au contraire coment qui ce soit. Donné à Verneuil, le 3e jour de janvier, l'an de grâce 1347.

17.

... Ut hæc donatio firma remaneat, ohnixe precor dominum meum Wilhelmum comitem pro remedio animæ suæ et pro meo amore, ut manumissione corroboret suisque principibus corroborandam tradat. Ego vero hanc donationem uxori meæ nec non et filiis meis annuere faciam. Si quis vero hanc donationis cartam quolibet modo infringere voluerit, comite mille libras argenti componat, et dehinc jaculo maledictionis dampnatus pereat cum traditore Juda. Fiat, fiat! (*Charte qui accorde la justice de Brillemar aux moines de St-Père.*)

... Confessi sunt et juraverunt super reliquias quas proposuimus, quod nunquam ulterius vel per se vel per quemlibet alium nobis de terra illa inquietudinem moverent, et fratres suos qui non aderant, et sororem adhuc virginem concedere facerent eandem concessionem quam ipsi innovabant. Posuerunt etiam ipsi in sacramento quod si quis, quicumque esset, nobis de terra illa calumpniam moveret, ipsi placito, et si necessitas postularet, bello nos quantum possent, adjuvarent... Non per multos dies postea, concesserunt fratres eorum idem, sicut et illi juraverunt et concesserunt. Sororem vero, quoniam ab avunculo custodiebatur apud castrum Dunum, non potuerunt adducere; sed ipse Willelmus major fratrum ætate, juxta dispositionem nostram, assumpto Dom. Ramerio monacho tunc cellario nostro, ad Castrum Dunum porrexit, avunculo suo Alberto et sorori suæ, quod nobis pepigerat, exposuit, sororem suam ad concessionem terræ coram Dom. Ramerio invitavit. Illa vero audientibus his quorum nomina subscripta sunt, voce manifesta concessit, et a cellario nostro Ramerio duos sol. denariorum accepit. (*Charte d'un abbé de St-Père.*)

18.

Notum sit quod quædam paupercula mulier de Manuvillari, Orguen nomine, venit cum presbytero ejusdem villæ Radulfo in capitulum nostrum ibique fecit Sanctum Petrum hæredem omnium rerum suarum quas moriens relinqueret. Videntibus Radulfo presbytero, Gaufrido, Gualterio, Juidino et Ermenfredo coquis.

19.

Hanc autem cartulam firmavimus horum testimonio quorum nomina subscripsimus : signum Gilduini vicecomitis... Guidszo medicus... Harinus princeps coquorum vicecomitis... Durandus pincerna comitis, etc.

20.

Ad navititatem Domini debent habere tres coqui unus quisque xxii denar. De octo diebus, ad pascha similiter... ad pentecosten unusquisque coquorum debet habere iii den. ad feriam 3am quæ est ante caput jejunii, et ad dominicam quæ sequitur, iii den. pro mandato, etc.

21.

... Dum Robertus Corneus mortuus fuit, voluerunt monachi terram recipere; sed uxor ejus judicium fecit portare, quoniam eâ conventione suo data fuit se mori, ut ipsa quam diu viveret, eam possideret. Quam feminam quidam miles, Sulio nomine, in conjugium accepit. Qui multis vicibus servitium abbati Ernardo obtulit, quod servitium semper abbas speravit, et nunquam recepit. Quo Sulione vivente, et supra dictâ feminâ, filii Roberti jam supra dicti mortui fuerunt; post mortem vero feminæ reclamaverunt ipsam terram nepotes ipsius Roberti. Sed monachi fortiter restiterunt eis. Tunc venerunt utrique in curiam comitis Odonis et episcopi Theodorici, et ibidem factum est placitum, affirmabantque nepotes Roberti quoniam eâ conventione judicium femina ejus portare fecerat, ut post mortem ejus dictæ feminæ hæredes Roberti in fisco ipsam terram de abbate tenerent. Ad hoc contradicendum satis habuimus testes. Tunc Odo comes judicavit campum fieri, scilicet ex hoc quod illi dicebant hæredes Roberti judicium quod femina portare fecerat fuisse missos;

testis vero Sancti Petri dicebat non nisi solummodo feminam. Tunc Robertus unus ex jam dictis nepotibus dedit comiti guagium. Theodoricus vero, homo Sancti Petri qui jam major fuit, similiter hunc guagium comiti dedit ad contradicendum. Posteà vero, remanente campo, concordia sic facta fuit. Abbas Landricus, episcopo Theodorico rogante, XL sol. ipsi Roberto et Sancelino fratri ejus dedit, et duos agripennos unum remisit, quos Robertus Corneus Sancto Petro dedit, dum ab abbate Magenardo jam dictam terram recepit. Ipsi vero fratres Robertus et Sanc. guerpiverunt terram, et fide jussores dederunt se ipsos et duos homines suos Gelduinum et Emauricum, ut si quando ab aliquo ex parte eorum ipsa terra calumpniaretur, ipsi liberam redderent, et totam calumniam in curia comitis terra eraderent. Hæc concordia facta fuit in curia episcopi, etc.

22.

... Præsentibus et sequentibus præsentis scripti repræsentet memoria qualis inter nos monachos Sancti Petri Carnotii et Ricardum de Riueriis qui monachum nostrum Giraldum interfecerat, extiterit acta concordia. Si quidem Dominum Udonem nostrum abbatem ad illas partes profectum pro suorum negotiorum necessitudine, idem miles addiit, misericordiam et indulgentiam postulans pro ejusdem monachi interfectione. Cujus petitio, quia visa digna fuit impetratione, et abbati et nobis juxta præceptum salvatoris, communiter ibi abbas et nos in capitulo nostro ei indulsimus. Idem vero in recompensatione et confirmatione hujus pacis IV acras terræ locis determinatis juxta nostram terram, et IV quadrantes frumenti in elemosinam per singulos annos in perpetuum nobis est largitus, etc.

Charte de l'an 1246. Universis præsentes literas inspecturis, officialis Carnotens. in Domino salutem. Noveritis quod cum mors religiosi viri Johannis quondam prioris de Gysiaco (Jusières) imponeretur Roberto de Villeta militi et Guillelmo Perier armigero, et propter hoc essent de terra Domini regis banniti, tandem de hac impositione sibi facta ad hanc pacem coram nobis devenerunt. Prædicti miles et armiger facient processiones quæ vocantur vulgariter *hachées*, unam et primam a loco in quo dicuntur maleficium perpetrasse, usque ad sepulturam prædicti prioris, aliam in ecclesia Rothomagensi, et alias in ecclesiis cathedralibus provinciæ Rothomag... et unam in eccles. Parisiensi, aliam in eccles. Carnot., aliam in eccles. Sancti Petri Carnot.; alias processiones facient in diebus dominicis vel in solempnibus festivitatibus si inciderint, nudis pedibus, induti bracis et camisiis de grossissimo saco. Et præd. armiger habebit in collo suo panellum suum perforatum, et caput suum emittet per foramen, et virgas deferent in manibus suis, et sic facient in singulis processionibus prædictis, quousque singulæ compleantur omnino. Et in singulis processionibus dicent sic alta voce : Nos facimus hoc pro facto quod imponebatur nobis de morte Johannis quondam prioris de Gysiaco, et pro bono pacis ! Et de singulis ecclesiis referent literas testificantes quod fecerint processiones modo qui hic est expressum. Item prædict. miles et Petronilla uxor ejus nec non et armiger prædict. nunquam de cetero habebunt nec facient estagium suum sive residentiam suam in terra vel dominio seu potestate monasterii Sancti Petri Carnot. vel prioratuum, nec tenebunt aliquid de eccles. Sti Petri Carnot. vel de prioratibus ejusdem. Item prædicti miles et Petronilla uxor ejus et dict. armiger si quid habent vel possident sub dominio et potestate Sancti Petri Carnot. vel prioratuum ejusdem, illud non dent aut permutabunt, et omnino ponent in perpetuum extra manum suam, et quantum ad proprietatem et quantum ad possessionem. Item prædicti Robertus miles et Petronilla uxor ejus, et dict. Guill. Armiger sub dominio et potestate prioris et prioratus de Gisiaco nunquam poterunt prandere vel cœnare vel pernoctare, sed si necesse habuerint iter agere per terram præd. prioratus, transire poterunt tantummodo per eam... Item præd. miles in nativitate B. Johannis Bapt. quæ erit anno Domini MCCXL octavo, iter Jherosolimitanum arripiet, et postquam mare transierit, in terra transmarina moram faciet per in annos continue, et transactis illis tribus annis, frater Herveus dictus Blondel nunc abbas Bonevall. poterit si voluerit, eum revocare infra 11 annos postea proximo sequentes... similiter dict. armiger iter Jherosolim. arripiet in nativitate B. Joh. Bapt. prædicta, et per annum continuum in terra moram faciet transmarina, etc.

23.

Voy. *la Charte citée au* n° 21.

24.

... Post hæc elapsis ferè duobus annis contigit illam nubere cuidam militi Radulpho de Danonisvilla qui non multis diebus subsecutis de terra prædicta nobis calumpniam fecit, cui et justitiam in curia episcopi obtulimus, et cum se susceptum concederet, diem exequendi quod justè judicaretur, constituimus..... Ventum est in curia. Dixit ille se terram Lamervillaris ipso repetere quod jus esset hæreditarium uxoris suæ, etc... Item alia dies illi judicio posita fuit, quæ cum venisset, in curiam episcopi convenimus. Dicta nostra et illius commemorata sunt, judices idem qui prius præter paucos qui aberant, et alii complures sunt positi archidiaconi et clerici ecclesiæ; quibus judicium discutientibus cum episcopo, misit ille Radulfus ex consilio suo ad Dominum episcopum, dicens, se non recipere judicium clericorum, etc.

25.

... Hæc denique locutus prædictus homo (miles Guatardus nomine), antequam habitu monachali qui deferebatur indueretur a coenobio, viam universæ carnis ingressus est, etc.

26.

De ecclesia de Canziaco calumpniam nobis Sancti Petri Carnoti scilicet monachis a Fromundo fratre Mascelini presbyteri olim motam, qui scriptum hoc legerint fideles, noverint taliter esse terminatam. Apud Aquilam castrum a Richerio ejusdem castri domino submoniti die condicto, et nos et prædictus calumpniator juxta morem Normanniæ de ecclesia in seculari curia placitaturi convenimus. Ubi præsente et præsidente Richerio cum multis de baronibus suis, matre quoque ejus Juliana præsente, cum et calumpniatoris causatio et responsio nostra fuisset audita, utriusque partis consensu, jussuque præsidentis justitiæ, electi plures judices, et in partem ad faciendum judicium missi, et tandem reversi judicium cunctis audientibus enarrare vellent, sæpe dictus calumpniator eos præveniens nullum se de causa sua judicium auditurum professus, calumpniam suam totam ipse quassavit.

27.

Une Charte de l'an 1086, 26e *du règne de Philippe, parle du don d'un bois* saltus Monticlarorum, *fait à l'abbaye par* Gualterus Trapezeta; *ce bois ayant été réclamé dans la suite par le fils du donateur,* Mainerius nomine, *les moines achètent son désistement moyennant* xxv *sols, et* orationibus fratrum.

28.

.... Unde a nobis in nostris orationibus est collectus, atque unum sonipedem optimum ei dedimus. *Charte de désistment de Robert* Aculeus.

... Hanc decimam miles quidam, Adelelmus nomine, nobis attribuit. Sed cum de feno Mathei de Cornelis cujusdam militis esset, nec donum quod fecerat, ad elemosinam concedere vellet, tandem rogatu Raimberti monachi, et quodam palefrido accepto ab eodem Raimberto, concessit.

.... Notitiam procuramus... quia Wiardus filius Drogonis de Conflente quamdam pravam consuetudinem quam in ecclesia sancti Petri, Ledonis curtis pastum scilicet sibi decemque militibus secum, et quantum pugillus de candelis bis potest includere revertente cujusque anni circulo in solemnitate sancti Petri quæ dicitur ad vincula, usurpando exigebat, exigendo usurpabat, accepto a nobis quodam ambulatorio equo centum solidos appreciato, remotæ omnis inquietudinis calumnia in perpetuum dimisit. Quem equum mox ut primum ascendit, corporali tactus incommodo, divina ut credimus ultione, rectum prædictæ oppressionis extortique equi a nobis, quod postea certis claruit indiciis, in eo multante, cepit acrioris molestiæ violentia urgeri. *Charte de l'an* 1097.

... Venit ipse Isnardus in Bruerol, et nummos hos recepit, convivium in domo nostro sumpsit, et ex toto calumpniam dimisit.

29.

Notum sit omnibus.... quod Gauscelinus de Leugis dedit pro sua et pro parentum suorum salute quandam ancillam suam nomine Odelinam monasterio sancti Petri Carnot. Quæ quomodo gesta sit donatio ecce. Eo namque tempore quo Dominus Eustachius prædicto sancti Petri monasterio præsidebat abbas, præfatus Gauslenus una cum uxore suâ Odelina in capitulum monachorum venit, et concedente eadem conjuge sua, nec non et filiis suis Gausleno et Gaufrido præsentibus et concedentibus, supradictam ancillam suam filiam Magenardi, majoris Campifauni ecclesiæ Sancti Petri in elemosinam et primo in eodem capitulo dedit, et postmodum donum ejus super altare Sancti Petri posuit, et capitale suum eandem mulierem ibidem super altare reddere fecit, sicque eam cum tota posteritate suâ ex suo dominio in jus ecclesiæ Sancti Petri perpetuo migravit, etc.

30.

Ego Gauslinus de Leugis fratresque mei Gaufridus canon. Sanctæ Mariæ, et Milo... donamus sancto Petro ejusque ecclesiæ... Godescaldum de Campofauni nostrum servum et uxorem ejus nomine Milesindem, totamque eorum procreationem filiorum et filiarum tam habitam quam habendam, et omnes qui ex ipsis nascituri sunt... Godescaldum uxoremque ejus cum filiis et filiabus eos tenentes propriis manibus obtulimus ad altare Sancti Petri, transferentes eos de nostro jure in potestatem ecclesiæ, ita ut abbas et congregatio Sancti

Petri perpetuo eos possideant, ac si de familia Sancti Petri sub vinculo servitutis ex activis progeniti essent. Ipsi autem Monachi Sancti Petri ob hujus doni gratiam mihi Gauslino Jerusalem proficiscenti dederunt XX marchas argenti, fratrique meo Miloni XX sol. Godescaldus autem et uxor ejus mox censum proprii capitis super altare posuerunt, etc.

31.

Ego Stephanus Carnoten. comes et uxor mea Adela notum esse volumus... Quod adiit praesentiam nostram Eustachius abbas Sancti Petri Carnot., benignissime nos interpellans ut in Christi amore pro remedio animarum nostrarum sibi et congregationi monachorum ibidem domino militantium daremus quandam ancillam nostram, nomine Legardam, cum omni sua filiorum procreatione. Quod quia petitio ejus justa et idonea apud nos videbatur esse, libenter acquievimus, etc. — Ego Gaufridus de Melleio vicedominus Carnot. notum facimus universis... Quod cum in terram Albigensium in subsidium fidei christianae ob oppugnationem ipsorum Albigensium vexillo dominio crucis insignitus cum Domino meo Ludovico christianiss. rege Francorum proficisci pararem, religiosi viri Guido abbas et conv. Sancti Petri Carnot. praesentiam meam adierunt, humiliter supplicantes ut in remedium animae meae et Elisendis uxoris meae et antecessorum meorum darem eis in elemosinam, et libere penitus et quiete concederem duos bolongarios in villa de Treione quos prior de Treione qui pro tempore fuerit, magis duxerit eligendos de bolengariis in terra prioratus de Treione commorantibus, ab omnibus exactionibus, redeventiis, coustumis quas ab eis ratione bolongariae solitus eram percipere, et diu perceperam, liberos penitus et immunes, ita quod nihil omnino juris in ipsos de cetero per me vel per alium reclamarem, vel reclamare procurarem. Ego vero petitionem dictorum abbatis et conventus piam attendens, et honestam reputans, eis duos bolengarios ab omnibus exactionibus, redeventiis, coustumis tam in moltura quam in aliis, in quibus michi ratione bolen-garim tenebantur, liberos penitus et quietos concessi, et dedi integraliter..., hoc tamen excepto quod quilibet 2 dictorum bolengariorum michi vel mandato meo et successoribus meis, unum obolum ratione bolengariæ in qualibet hebdomada reddet... Dicto autem abbas et conventus in recompensationem hujus donationis meæ et concessionis concesserat... ut anniversarium meum et præfatæ Elisendis uxoris meæ a monachis in prioratu de Treione moram facientibus singulis annis solemniter celebretur. *Charte de l'an 1226.*

32.

... Ego Gaufridus Carnot. Ecclesiæ D. gr. episcopus omnibus... notum esse volo, taliter esse terminatam in nostra episcopali curia judicio christianitatis calumpniam quandam quam frater meus Gauslinus de Leugis fecerat ecclesiæ et monachis sancti Petri Carnot. de filiis et filiabus Odelinæ filiæ Magenardi majoris Campifauni (1) Gisleberto atque Chotardo, Milesendæ atque Burgesia, dicens eos et eas cum omnibus possessionibus suis sui potius juris esse debere quam monachorum. Ut calumpnia eadem atque invasio injusta prorsus, ideoque omnino inefficax et cassa fuerit adjudicata, etc.

33.

... Ego Willelmus abbas Sancti Petri... notifico me assensu totius capituli hunc hominem nomine Durandum qui cum primo liber esset, quia quandam nostram ancillam nomine Dudam accepit uxorem, vinculo servilis conditionis apud nos est obligatus, pristinæ libertati eum cum tota suorum procreatione infantium restituisse. Præfata enim nostra ancilla uxore ejus absque liberis defuncta, portionem substantiæ quæ ad eum pertinebat, vir ejus Durandus dimittere curavit, estimans se idcirco ad priorem statum libertatis posse reverti. Hac itaque spe admonitus sub voce libertatis alteram

---

(1) Voy. ci-dessus, n. 29.

duxit uxorem ; quo nobis comperto, cum eum cepissemus quasi nostrum reclamare, impetravit a nobis tam per se quam per Robertum nostrum monachum cujus sororem duxerat, absolvi ab omni conditione servitutis, et totam suorum procreationem infantium, nobisque restituit illam portionem substantiæ quam priore conjuge defunctâ, sibi injuste detinuerat. *Charte de l'an 1108.*

34.

Prædictus Haimo quia natus de patre ingenuo et matre ortâ de nostra familia, partem hæreditatis quam ei pater dimiserat, reclamabat. Tandem ipso rogante ad hoc sunt adducti ut si tradito prædio possent fieri liberti, ex parte illorum amplius querela non fieret. Accepimus ergo, etc.

Une charte par laquelle l'abbé Eudes et le chapitre émancipent la serve Richelde, commence par ce considérant: Quam gratum et acceptabile Domino sit sacrificium hominem servituti mancipatum restituere libertati, prophetica illa sancti Jeremiæ indicat historia.

— Noverint universi quoniam hæc conditione Andream et uxorem ejus et filios manumisimus, ut clauseriam nostram quam D. Engelardi quasi ut commendatam habebat invita sua, nobis remitteret. Non sano est enim usus consilio, illam sibi hæreditariam defendere conatus, multas injecit calumpnias; cujus injuriis excitati, maluimus illum a jugo servitutis nostræ libere exire, quam improbitatem ejus et calumpnias perversas diutius sustinere.

35.

Notum esse volumus tam præsentibus quam futuris ego Arnulfus abbas et omnis Sancti Petri Carnot. cœnobii mihi a Domino commissa congregatio quod Vivianum nostrum collibertum cum uxore sua, omnemque pecuniam (progeniem ?) ejus subjugamus servituti Willelmi militis pro interfectione furtiva cujusdam sui servi quam ipse et uxor sua latenter interfecerunt; et eo tenore eos dimittimus ne occidantur pro hoc scelere : filios vero quos nunc habent, ad nostros retinemus usus; quos autem genuerint posthac, eidem servituti pro hoc nefario protitulato dimittimus.

36.

Ego Ebrardus Carnot. vicecomes notum esse volo... quia adierunt meam praesentiam Sancti Petri monachi deprecantes ut pro remedio animae meae dimitterem calumpniam quam immiseram in filiis Gilberti sui ministri in Himonis villa qui ex ancilla Sancti Petri nati sunt. Quod et feci, accipiens ab eis centum sol. et unciam auri, et concessi sancto Petro Carnot. et monachis ibidem servientibus absque calumpnia ipsos filios Gilberti, et Berengarium cognatum ipsorum cum uxore et filiis et filiabus et progenie ipsius Gilberti qui infra terminos Himonis villae degit, pro remedio animae suae et parentum meorum et uxoris meae Hunebergae et filiorum meorum quatenus ab hodierna die et deinceps serviant monachis absque ullo contradictu et calumpnia, etc.

37.

Ego H. abbas hujus Carnot. coenobii volo hujus scripti fideli recitatione ad nobis succedentium notitiam transmittere, quia praedecessorum nostrorum fuerat moris, subtrahere cunctis famulis tam servituti obnoxiis quam liberis vinum famulatoriae impensae quando ipsius vini raritas nobis et illis non sufficientis minabatur defectus ante innovationem redeuntis vindemiae. Unde ego cum secundum hujus statuti ritum praedictis famulis vinum solitum non dari jussissem, ob hoc minitantes ad praesentiam judicii me invitaverunt. Quibus ego modeste respondens rectitudinem justitiae eis proposui. Accepto itaque die placitandi, suae causationi diffidentes praesens judicium audire renuerunt. Praesentes ergo judices concorditer justum esse dixerunt, ut sententia judicii ad quod ipsi nos invitaverant, et quod eis oblatum audire noluerant, super dictos famulos firmaretur cui a modo semper subjacerent. Quæ sententia hujusmodi erat. Quotiens vinum cellarii et nobis et illis usque ad tempus redeuntis vindemiæ non sufficeret, cum eis vinum subduceretur jussu capituli, nullatenus aliquâ murmurationis querimoniâ nos adversum obstreperent, præsertim cum plures eorum nobis essent famuli servitutis vinculo obnoxii, quos si necessitas urgeret, licebat quolibet modo in nostris usibus insumere, nec propter eos vinum esse emendum, quotiens vinum famulatoriæ expensæ defecerit cellarii.

38.

Testimonio præsentis scripti fiat notum... quod Ingelgerius de Mererivilla et Odo cognomine *Evellens palum*, et Adelais mater ejus, annuentibus utriusque conjugibus et filiis, pro redemptione animarum suarum dederunt Sancto Petro in Telliaco locum antiquum hospitationis cum XV agripennis terræ qui per singulos sunt diminuandi XXX ibidem hospitantibus, addita his terrâ duorum boum, a monacho ibidem demorante excolendam, in quâ parte ipse elegerit. Domum quoque suam quo voluerit, construet. Deinceps quidam famulus Ingelgerii habebit domum quam voluerit, de qua annuatim IV denarios census persolvet. Prædicti autem terræ agripenni erunt in dispositione monachi quatenus quam festinantius potuerit, hospitantium collocatione faciat occupari. Nemus autem quod est intra villam et fossatum nostrum, est absque ulla exactione. Illud autem, quod ultrà fossatum est, dimidium nostrum est. Conventio tamen est inter nos et eos, ut nec vendatur nec incidatur, sed ad munitionem hospitum ibidem habitantium integrum conservetur. Hospites autem qui ibidem habitabunt, omnino liberi erunt; qui scilicet hospites ita terras militum ab eis excolendas habebunt, ut quamdiu eas excolere voluerint vel potuerint, neque milites aliis eas excolendas tradere, neque hospites, quamdiu militum terræ incultæ remanebunt, ab aliis alias accipere possint. Insuper si quid hospites foris fecerint, milites eos per nullum aliquid quod sub eis habeant, justiciabunt, sed clamorem ad monachum deferent, et curiæ ipsius monachi, nec alias tamen quam in prædicta Telliaci villa judicio acquiescent. Quod videlicet judicium, si prima non potuerit, secunda vel tertia vice fieri oportebit. Et districtio quidem monachi, lex autem si exierit, militum erit. Sacramentum si fieri contigerit, sola manu ab hospite fiet. Illud autem sciendum est, quia si prædictum judicium vel tertio concordari non posset, nequaquam ultime milites de hospite monachi justitiam expectarent, sed per quod sub eis haberet, eum sibi justiciaret.

39.

Ecclesiæ filii semper invigilent honori et utilitati. Hac de causa ego frater Udo gratiâ cœnobii Sancti Petri Carnot. abbas, ecclesiæ nostræ armarium usque ad meum tempus pauperrimum absque diminutione vel arbitrio alicujus rei augmentare curavi. Hoc autem fieri pernecessarium erat; paupertatis enim extremæ quæ armarium deprimebat, testes erant manifestissimi corrosi tineis, et pene deleti vetustate libelli, sparsim per armarium huc illucque projecti, qui a fratre qui armario præerat, pro paupertate nimia non poterant renovari, nec etiam, quod minus est, religari. Et satis erat inhonestum et indecorum, ut nostrum monasterium quod magnæ est nobilitatis, haberet armarium tantæ paupertatis. Ut ergo inhonestas honestate, et dedecus pellatur decore, totius capituli nostri benevolentia et assensu communi, redditum determinatum armario assignavi, videlicet talem quem frater qui armarium tenuerit, singulis annis habeat, et vel libros renovare vetustos, vel vetustis superaddere novos valeat. Hunc autem redditum reddent ei annuatim in festivitate omnium sanctorum administratores obedientiarum nostrarum. Et ne aliquis nimis hoc facto gravetur, parvissimum quod unicuique impositum est, in scripto præsenti monstratur. Abbas enim reddet semper per singulos annos X tantum solidos, camerarius II sol., elemosinarius II sol., præpositus de

Lungo II sol., ille qui monachos vestit, II sol., cellarius coquinæ II sol., prior Leoniscuriæ II sol., etc.

Hoc omnes tam obedientiarii quam claustrales unanimiter concesserunt et tenendum in perpetuum decreverunt. Hoc quoque auctoritate omnipotentis Dei et sanctor. apostolorum Petri et Pauli, et nostrâ, tam ego quam totus conventus confirmavimus. Si quis hanc institutionem reprehendere vel violare ausus fuerit, quod parum decorem domus dei diligat, evidenter monstrabit, quod graviter et Deo et Sanctis ejus et nobis omnibus inobediens erit, et sciat, in tremendo judicii die se esse dampnandum, nisi in obedientiam suam per penitentiam et congruam satisfactionem correxit. Factum et confirmatum est hoc in capitulo nostro, anno ab incarnatione Domini MCXLV.

40.

Ego Ermentrudis, Erchembaldi primum, postea vero Bernardi conjunx, notum, etc. Qualiter Alodos meos in Carnotensi pago juxta Pomeriatam sancti Petri monast. terram, sancto Petro Carnot. trado, per deprecationem Hunueri militis mei, pro animâ Solionis filii mei et Bernardi mei senioris et meâ... Sunt Alodis nomen uni Tesnerias, et alteri sibi contiguo nefarium nomen, tamen vulgo grossus testiculus terminatur, tertia Sigenfredi hominis Fulcherii, quarta terra filiorum Guarzonis, etc.

www.ingramcontent.com/pod-product-compliance
Lightning Source LLC
Chambersburg PA
CBHW061005050426
42453CB00009B/1274